D1746448

# ICH LIEBE MEINE FANGZÄHNE

## KELLY LEIGH MILLER

CROCU

FÜR MEINE FAMILIE, ALEXANDER UND THAO.

**CROCU**

Impressum: Die deutsche Ausgabe von ICH LIEBE MEINE FANGZÄHNE
wird herausgegeben von der Cross Cult Entertainment GmbH & Co. Publishing KG | CROCU;
Verlagsleitung: Andreas Mergenthaler und Luciana Bawidamann; Teinacher Straße 72, 71634 Ludwigsburg.
Übersetzung: Denis Martynov; Lektorat: Jara Dressler; Korrektorat: Clemens Frey;
Layout / Lettering: Sarah Mast; Leitung Produktion / Grafik: Elke Epple;
Leitung Vertrieb: Peter Sowade; Herstellung: Hannah Düser;
Druck: Hagemayer, Wien

Originaltitel: I LOVE MY FANGS
SIMON & SCHUSTER BOOKS FOR YOUNG READERS
An imprint of Simon & Schuster Children's Publishing Division
Copyright © 2020 by Kelly Leigh Miller
All rights reserved, including the right of reproduction in whole or in part in any form.
SIMON & SCHUSTER BOOKS FOR YOUNG READERS is a trademark of Simon & Schuster, Inc.
For information about special discounts for bulk purchases, please contact
German translation copyright © 2023 by Cross Cult.

Print ISBN: 978-3-98743-060-2
Oktober 2023

WWW.CROCU.DE

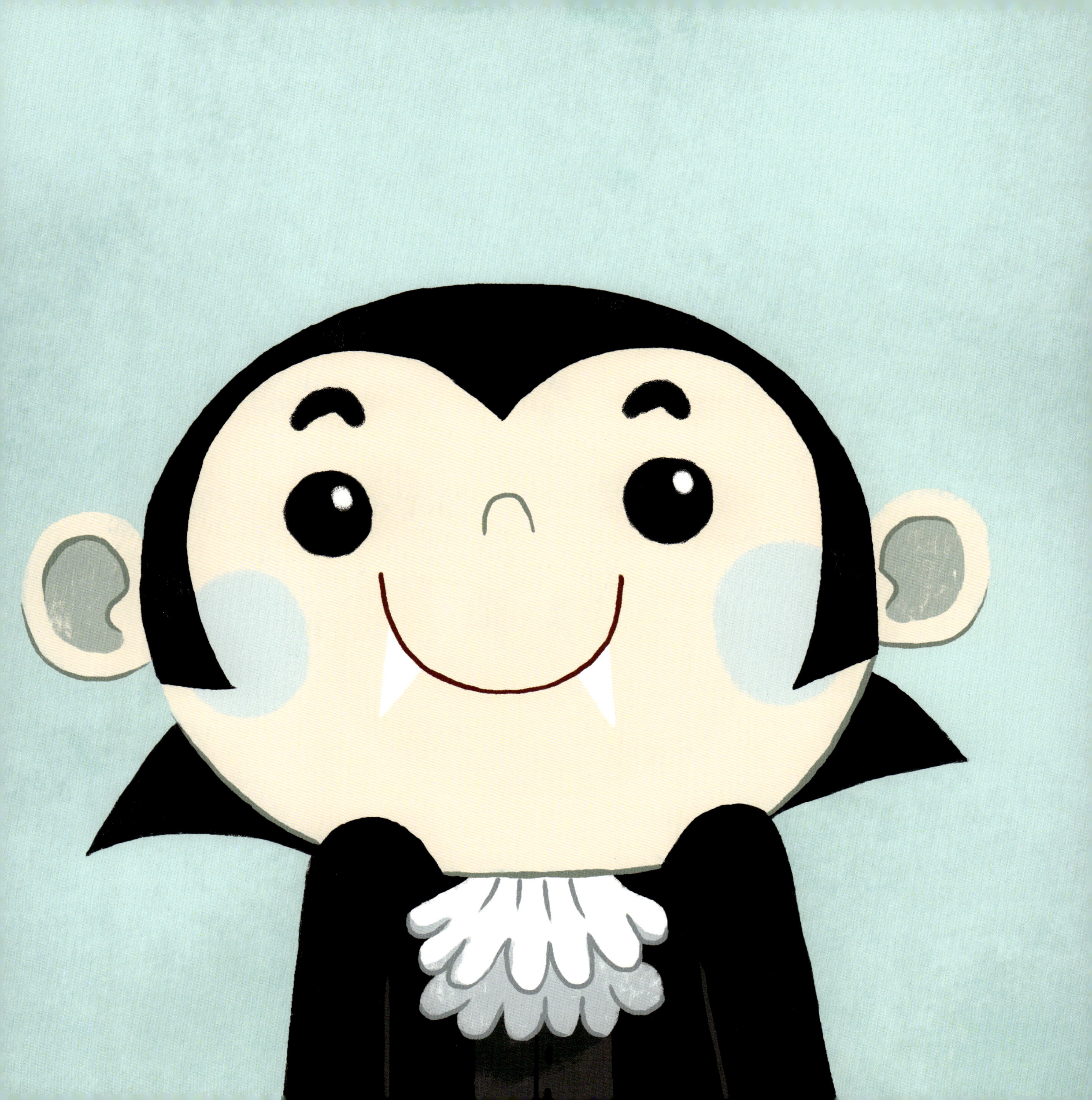

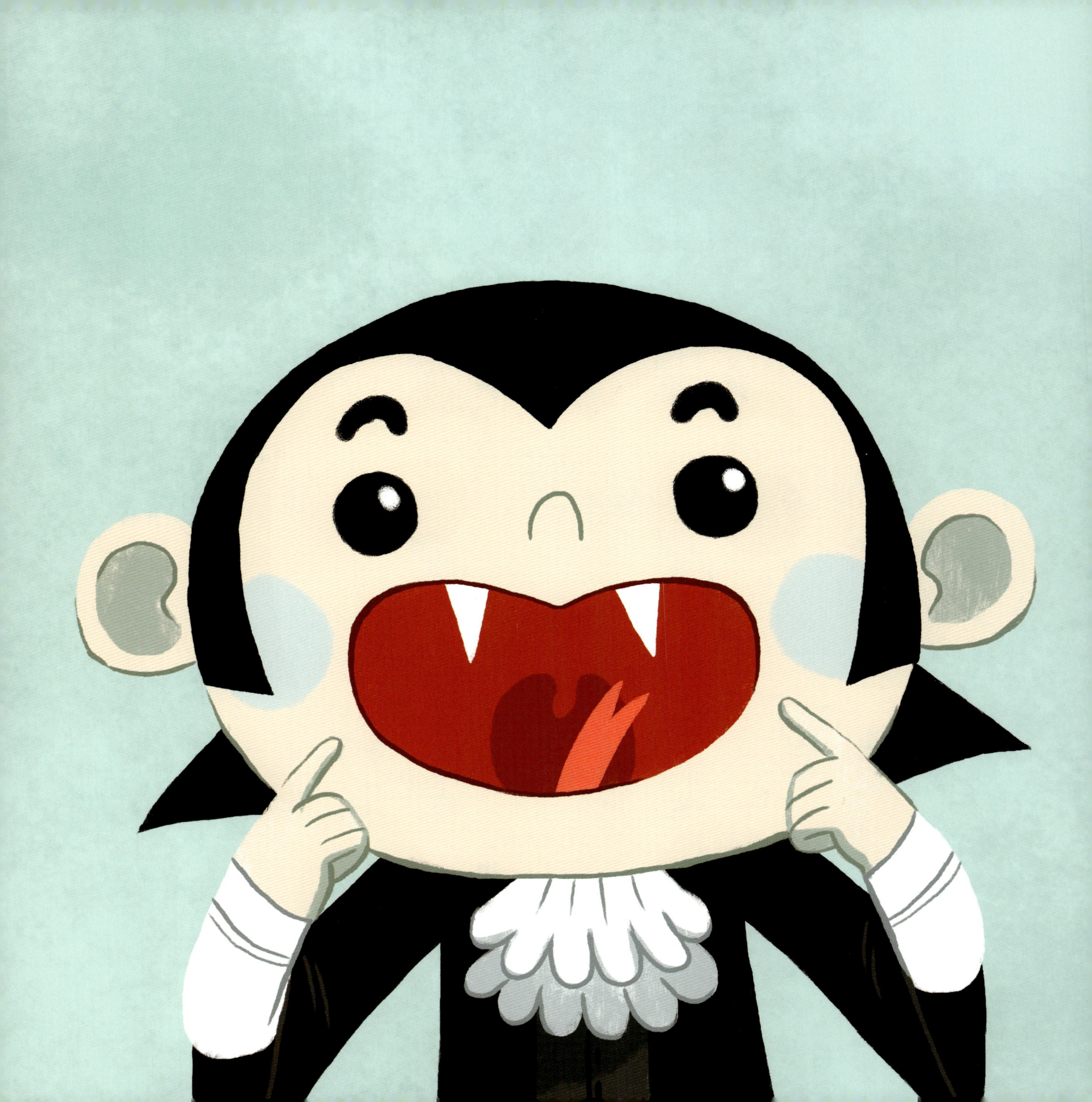

ICH LIEBE MEINE FANGZÄHNE!
SIE SIND SPITZ.
SIE SIND SCHARF.

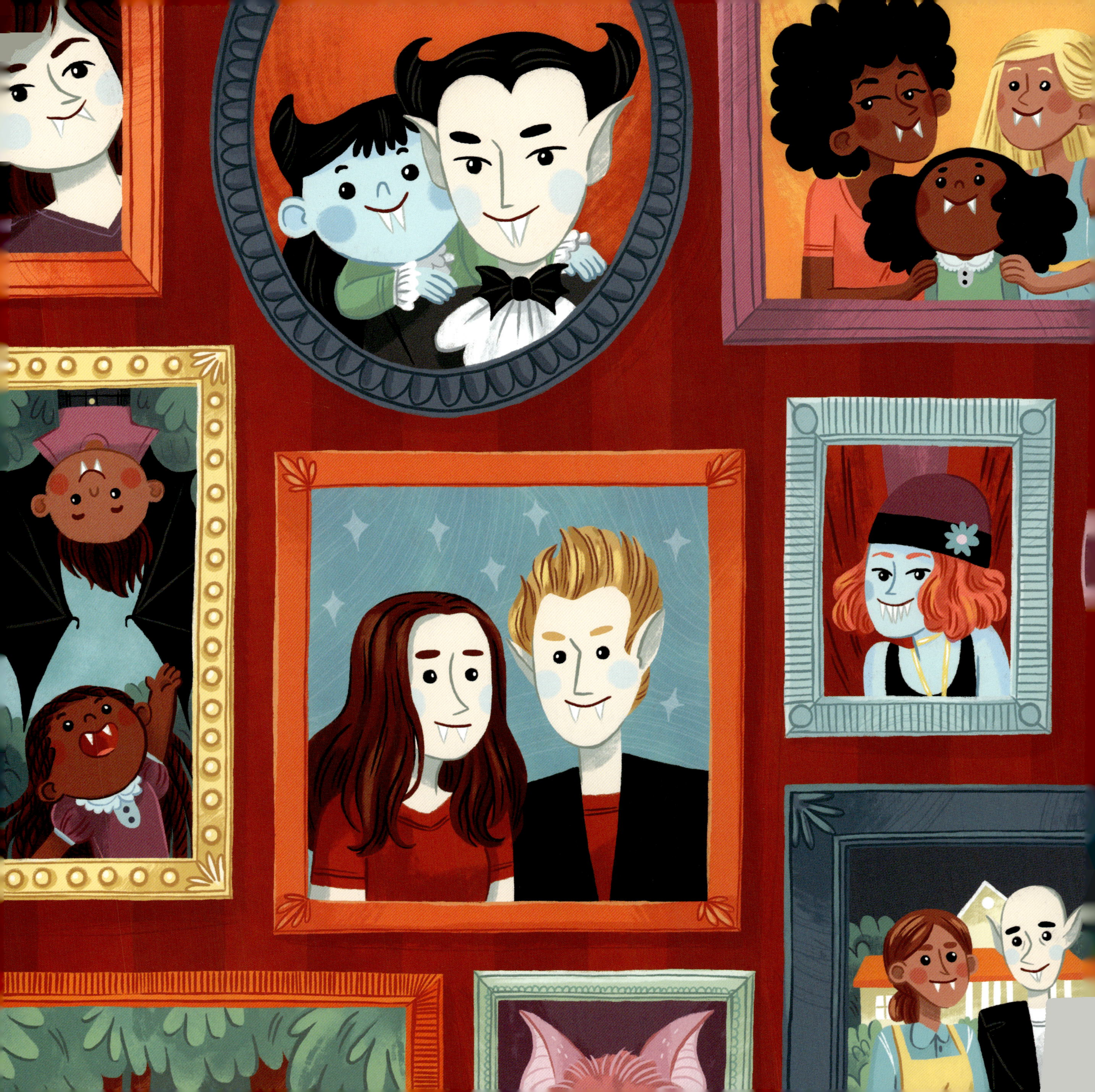

SIE SIND EIN FAMILIENMERKMAL!

GRÜNDLICHE PFLEGE IST WICHTIG.

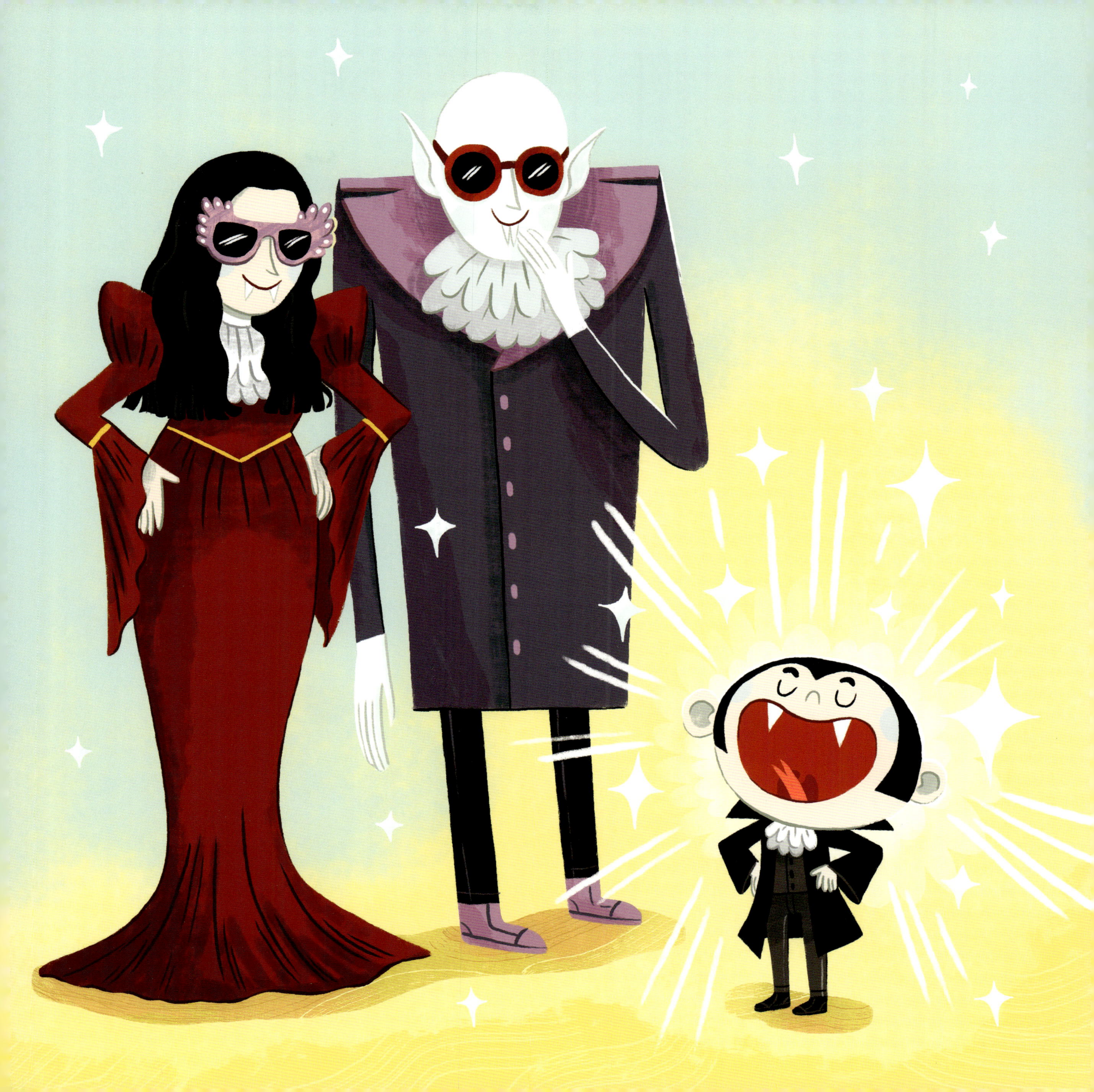

MEINE FANGZÄHNE SIND ZIEMLICH BESONDERS.

?

ICH KANN IHN WIEDER REINDRÜCKEN.

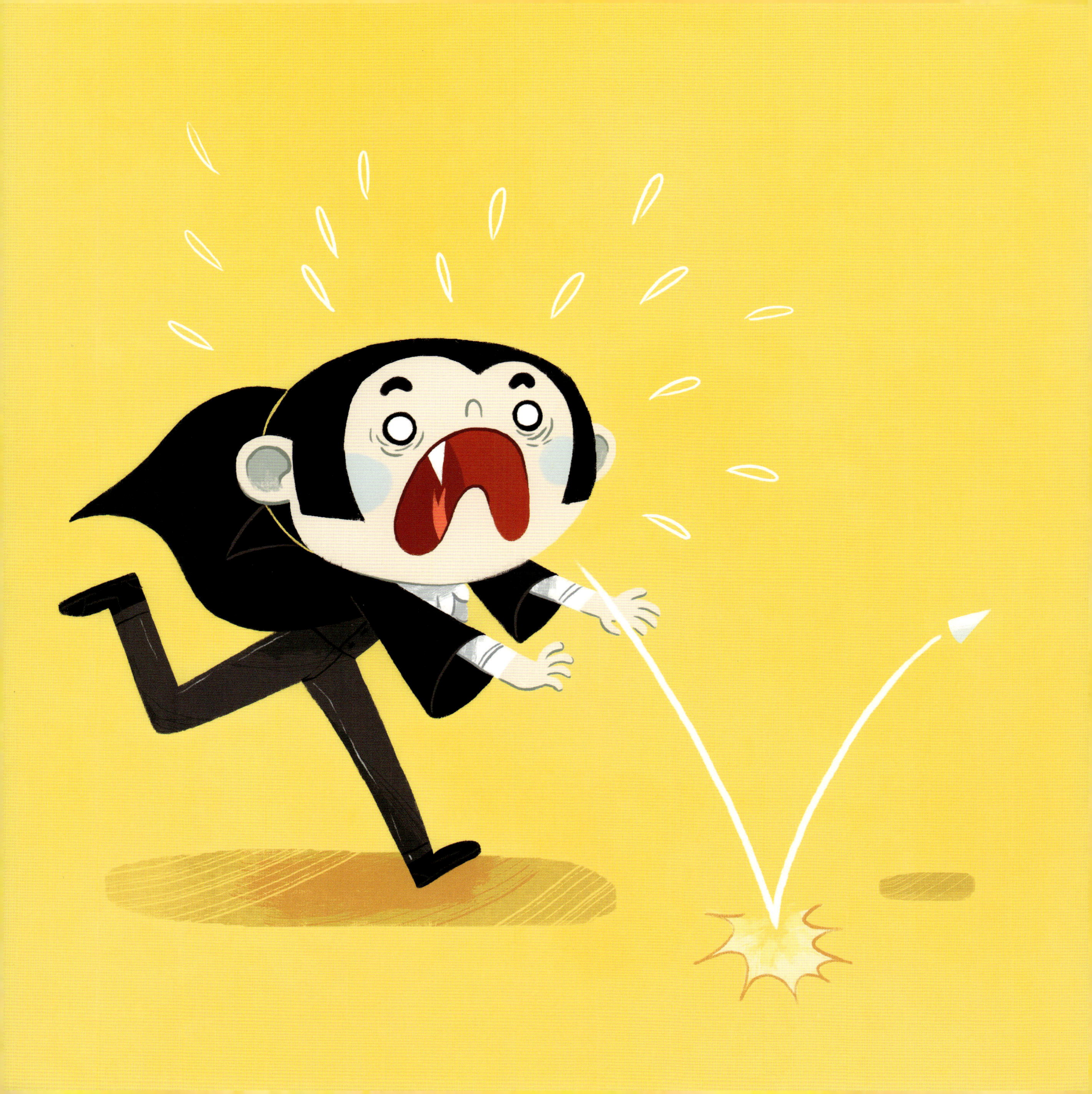

# OH NEIN!!!
## EIN VAMPIR KANN DOCH NICHT NUR EINEN FANGZAHN HABEN!

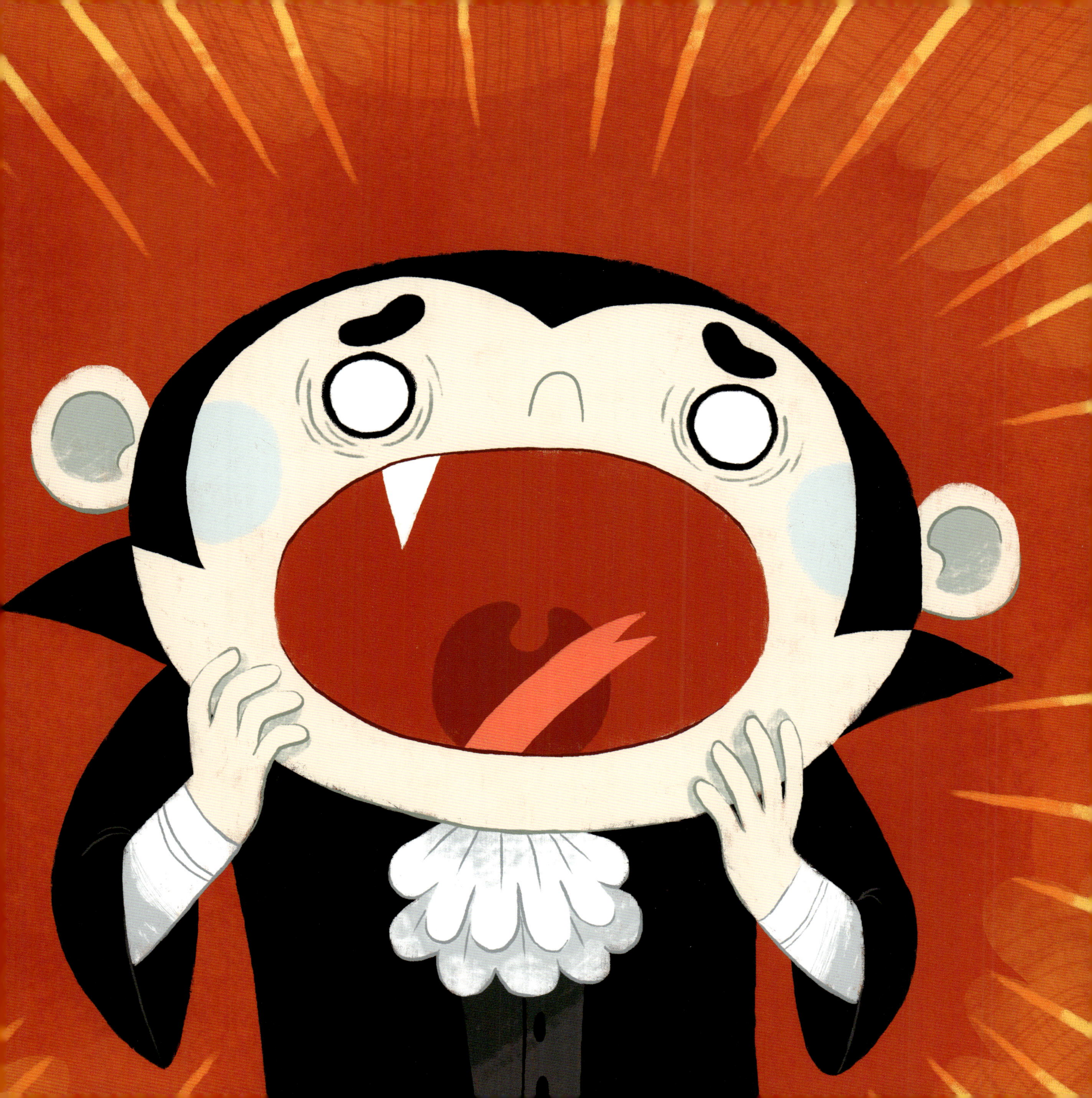

WAS, WENN ICH IHN ANKLEBE?

IHN ANBINDE?

# IHN FESTKLEBE?

# NIEMAND WIRD ES JE BEMERKEN ...

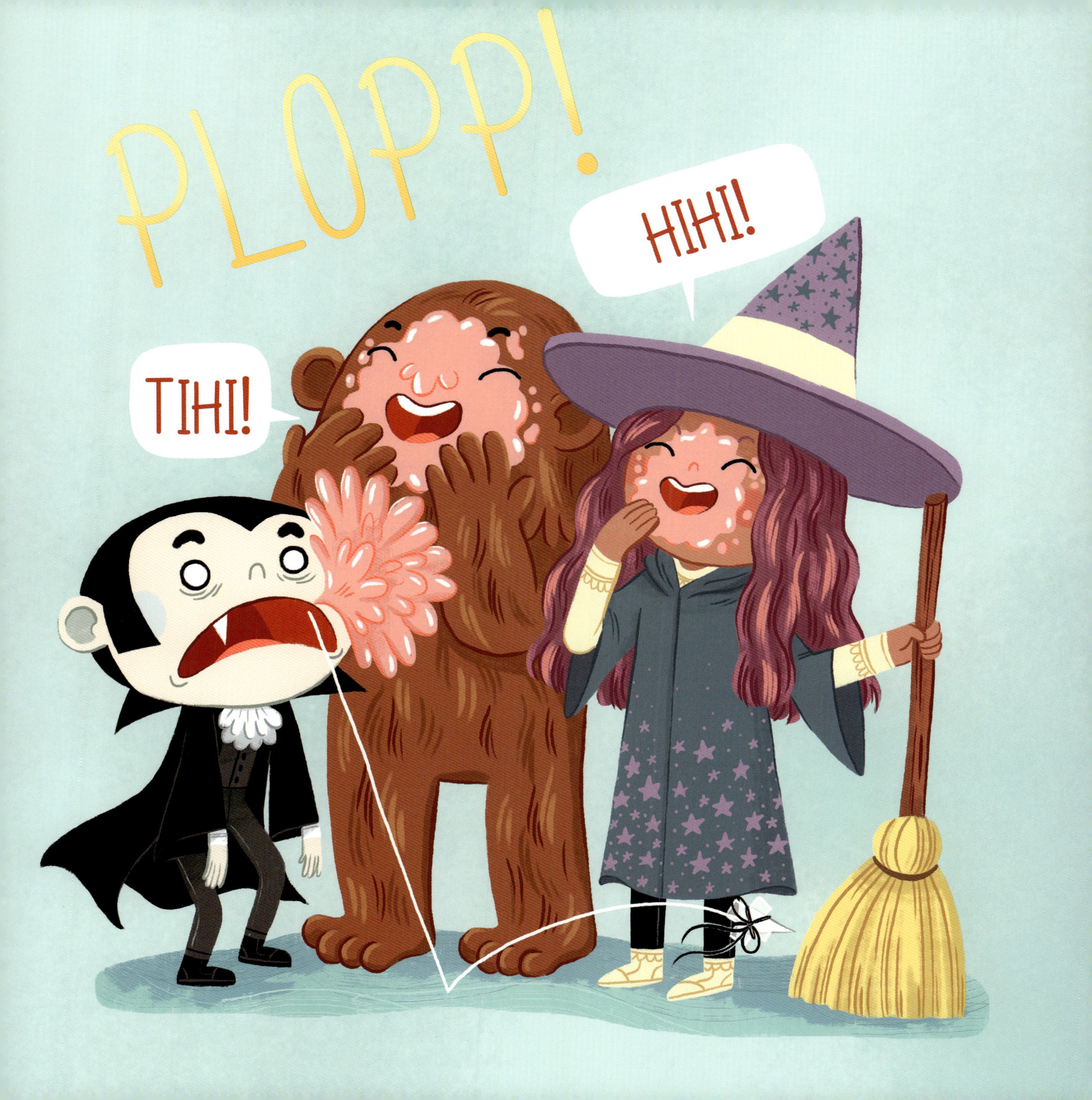
PLOPP!
TIHI!
HIHI!

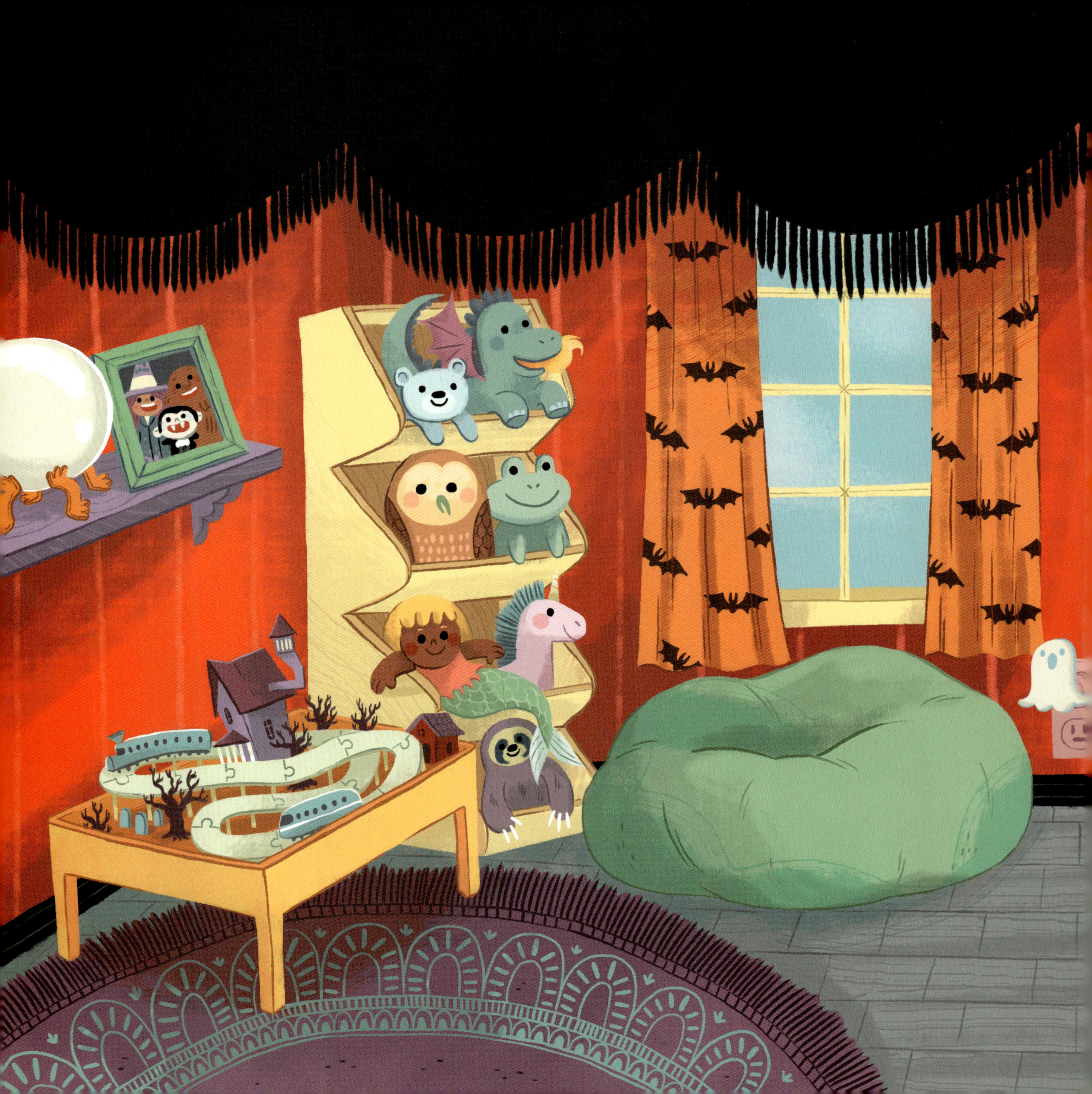

ICH GEHE NIE WIEDER RAUS.

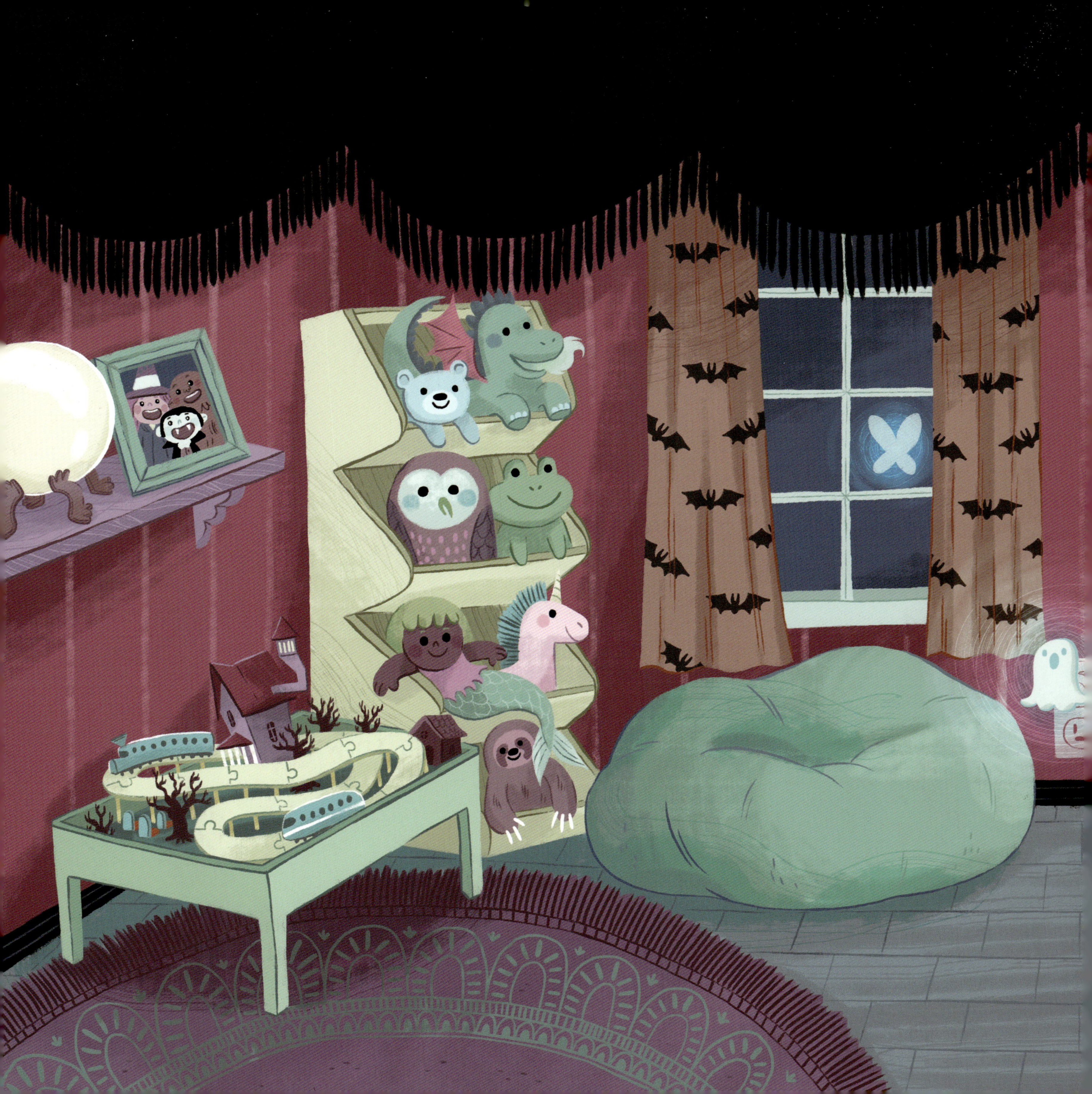

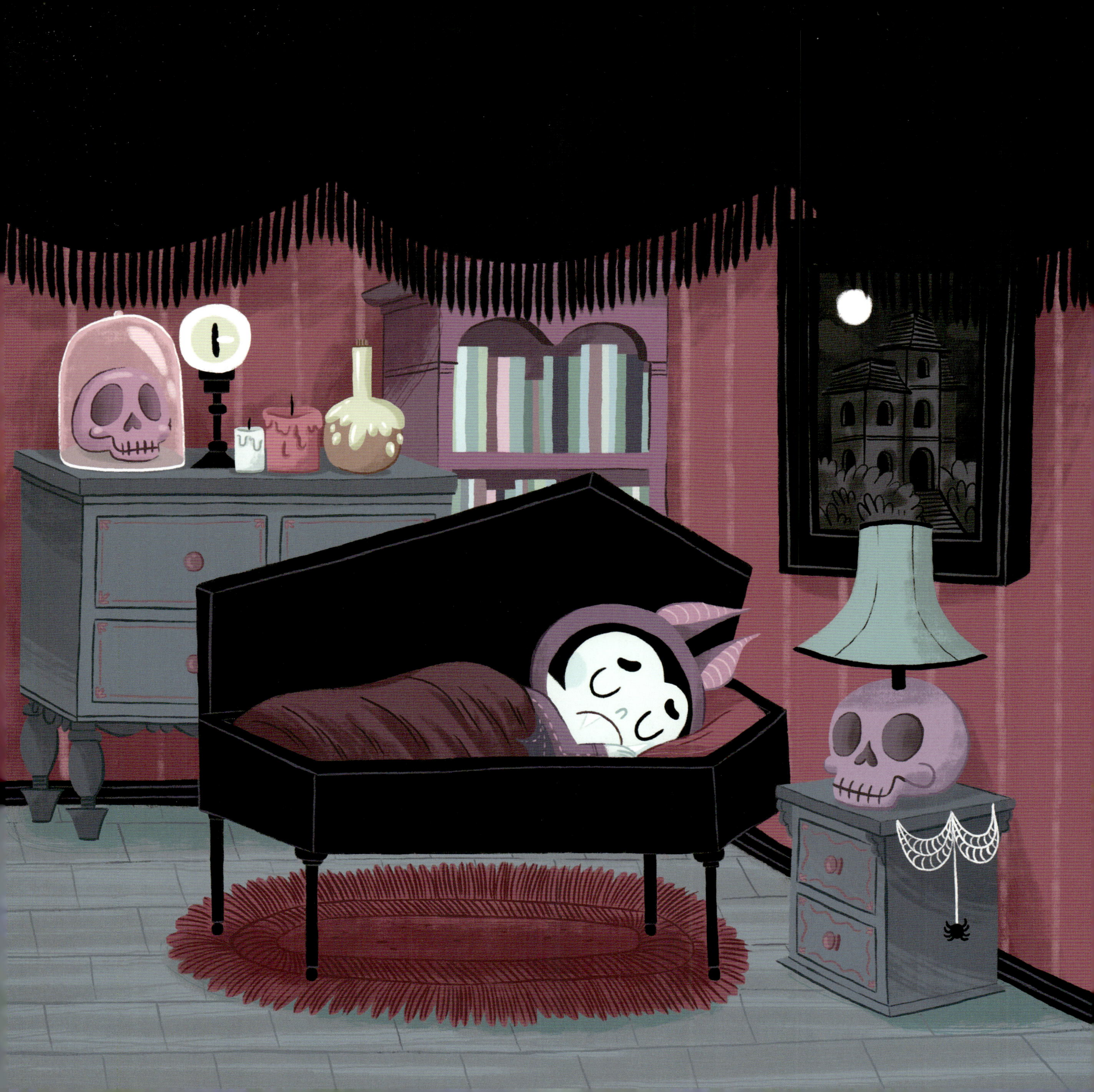

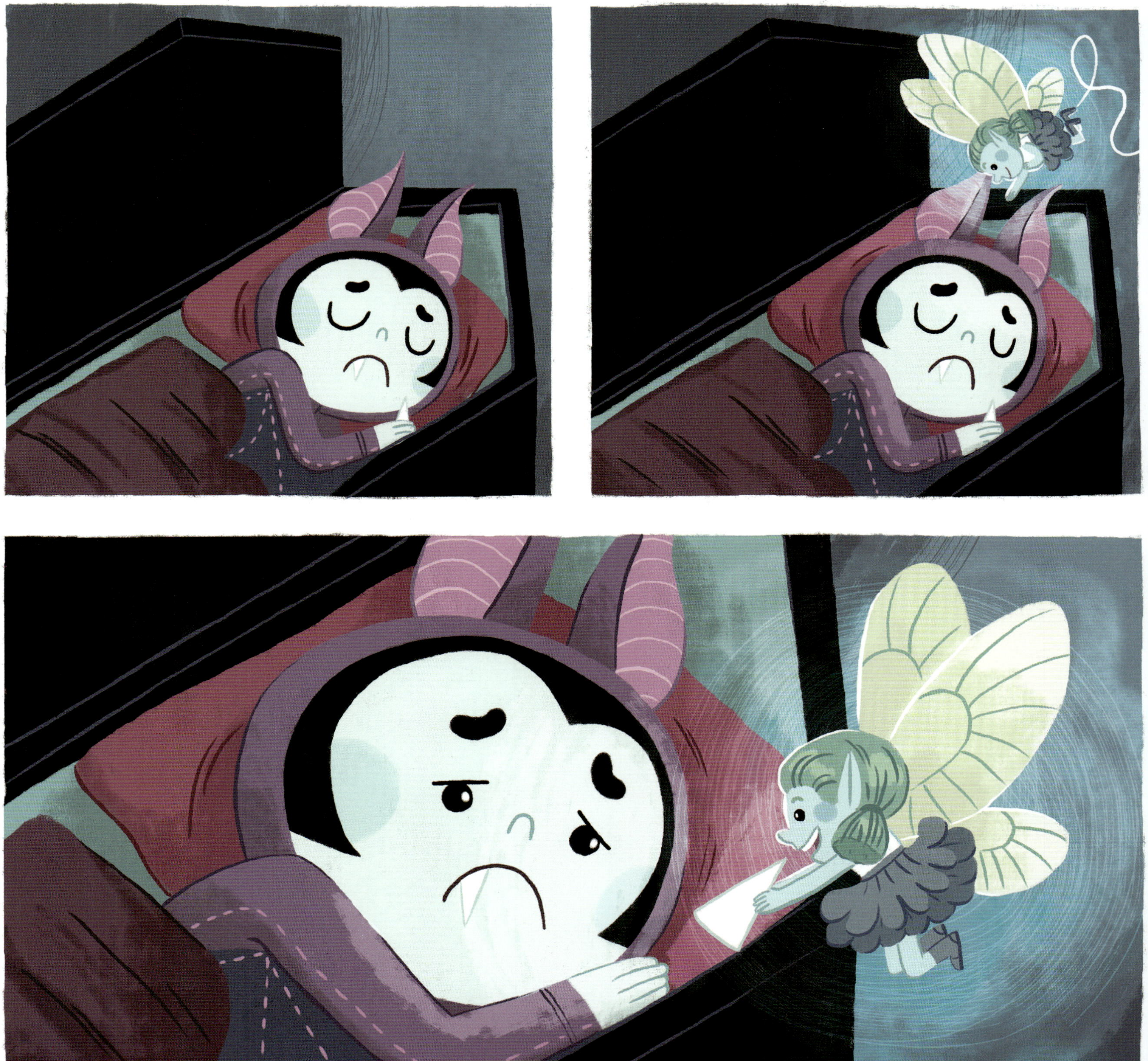

MEIN FANGZAHN!!!

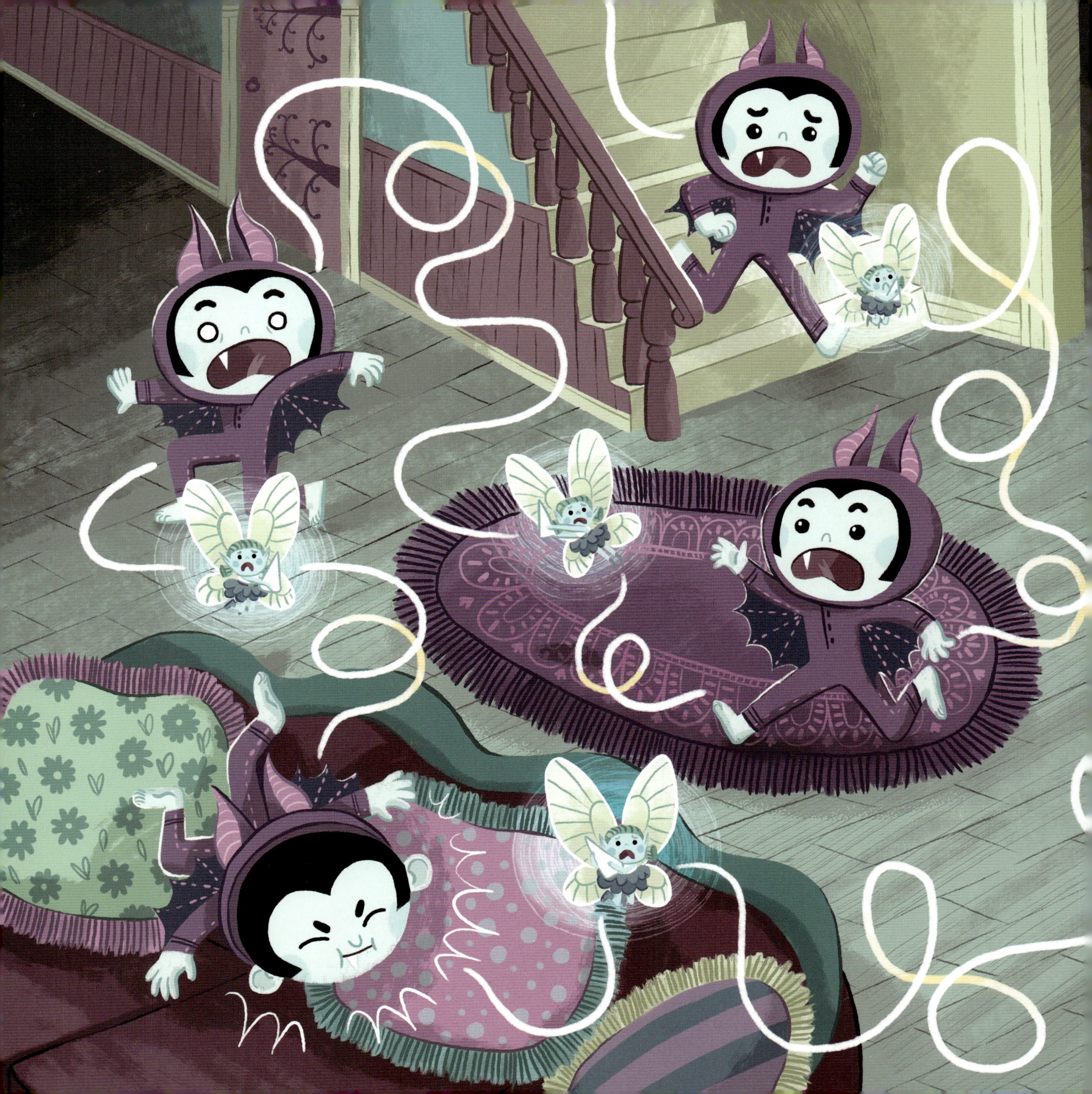

KNALL!

DAS IST MEIN FANGZAHN!

WAS GEHT DENN HIER VOR SICH?

SIE KLAUT MIR MEINEN FANGZAHN!

> SIE HOLT SICH DEINE BABY-ZÄHNE, DAMIT DIR STARKE ERWACHSENENZÄHNE WACHSEN.

> ACH, KLEINER DRACULA! DAS IST DIE ZAHNFEE! DAS IST IHRE AUFGABE!

ABER DER HIER GEHÖRT MIR! ICH WILL IHN NICHT HERGEBEN!

VIELLEICHT BRAUCHST DU IHN JA MEHR.

EIN FANGZAHN IST BESSER ALS KEINER.

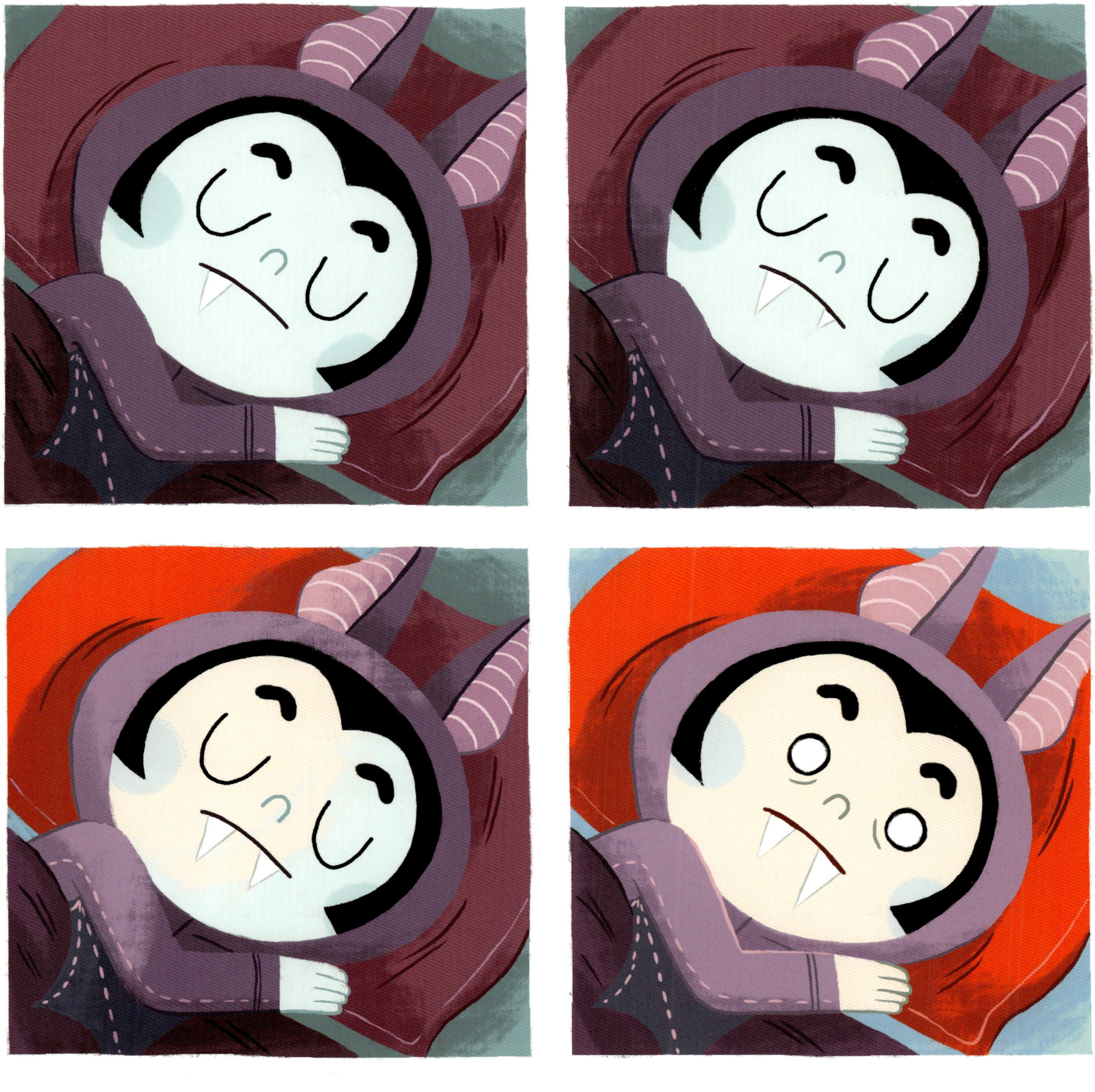

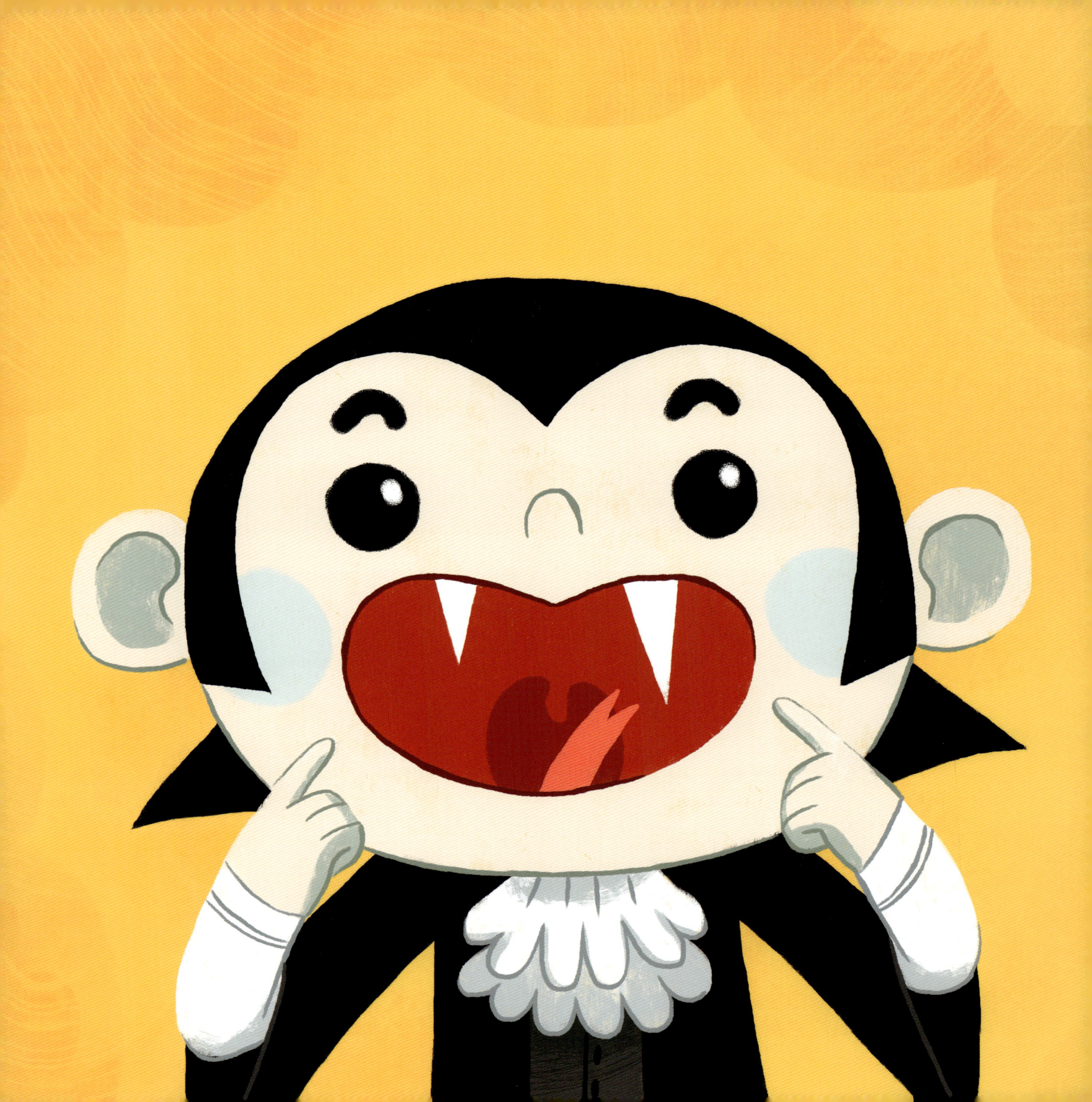

SEHT EUCH MEINEN NEUEN FANGZAHN AN!

ER IST SO SPITZ!

ER IST SO SCHARF!

UND ICH KANN ES KAUM ERWARTEN, BIS DER ANDERE RAUSFÄLLT!